AF450116

CALLE VICO

ExLibric

FERNANDO TORRES VICO

CALLE VICO

EXLIBRIC

ANTEQUERA 2021

CALLE VICO
© Fernando Torres Vico
© de la imagen de cubiertas: María Beltrán
Diseño de portada: Dpto. de Diseño Gráfico Exlibric

Iª edición

© ExLibric, 2021.

Editado por: ExLibric
c/ Cueva de Viera, 2, Local 3
Centro Negocios CADI
29200 Antequera (Málaga)
Teléfono: 952 70 60 04
Fax: 952 84 55 03
Correo electrónico: exlibric@exlibric.com
Internet: www.exlibric.com

ISBN: 978-84-18730-64-1
Depósito Legal: MA-591-2021

Nota de la editorial: ExLibric pertenece a Innovación y Cualificación S. L.

FERNANDO TORRES VICO

CALLE VICO

INVITACIÓN

Desconectando realidades
en el umbral de la utopía,
te invito a pasear por la calle
de mi alma.

Calle Vico,
donde espero
que encuentres esos versos
que sean tu cobijo.

Aclaración

Yo soy cinco, y estoy en cada uno de ellos por completo, el nostálgico poeta, el alegre creyente, el extrovertido libertario, el hombre tranquilo, el loco *rockero*. No importa cuántos seas tú. Siempre habrá en este poemario un verso para ti.

Prólogo

Querido lector:

Esta es una invitación a un paseo. Sin límite ni horario. Caminará por una avenida extensa y sinuosa con la reflexión como inevitable compañera ante esos escaparates de colores vivos, tenues y oscuros, intensamente marcados, descritos y contemplados desde la perspectiva de la madurez.

Torres Vico se desencuaderna a trazos y a trozos, en riqueza de matices, en verso suelto, en rima libre, como su alma entera; esa que vivió, que desesperó a muescas y que hoy flota sujeta a la quietud y a una esperanza compartida. En el recorrer de estas páginas destapa el tarro de sus miedos, suelta los grilletes a sus sentimientos y desgrana su esencia misma. De nuevo, es todo él.

Esta es una calle de la vida como la suya, como la mía, como la de cualquiera. Un camino de tramos amables y trechos pedregosos, donde el niño que tropieza vuelve a levantarse y en cuya escuela se curte. Una en la que se aprende a jugar viviendo y a vivir jugando, pateando un balón de cuero vetusto y deshilachado. Como el Cholo en el potrero, sí, el de ese Atleti que cala los huesos y penetra hasta el tuétano. Una calle de ida y vuelta, porque al regresar te detienes en el porqué de cada adjetivo. El epíteto de Garcilaso. Siempre Garcilaso.

Me he adentrado en ella con las manos en los bolsillos, mirando a lo alto, al costado, al frente, al futuro, al pasado y al presente. Cantaba Sabina: «Por la ciudad camino, no preguntéis adónde. Busco acaso un encuentro que me ilumine el día. Y no hallo más que puertas que niegan lo que esconden».

Este poemario es una puerta abierta a una soledad arrullada por tiempo en un recoveco y que ahora es sacudida como una sábana en el balcón, liberada como el vino recién abierto, meneado a círculos por el tallo una copa donde se evidencian sus aromas y se degusta en su máxima expresión.

Decía Machado, don Antonio, que el hombre no es hombre mientras no oye su nombre de labios de una mujer. Añado que se compra lo que tiene precio, pero lo que tiene valor, se conquista. Y él lo hizo.

Ella. Su inspiración y su suerte.

David Miner, locutor de radio.

URGENTE Y NECESARIO
(TIEMPO DEL COVID-19)

Es la hora del amor por el amor.
Es la hora de quitar los cerrojos al miedo,
sentir la algarabía en nuestras almas.
Ser felices.

Es la hora de extender nuestras alas,
dirigirnos a la luna de asfalto,
ensanchar nuestro amor,
que sea un salvavidas perfecto
donde cobijar a los necesitados.

Es urgente y necesario
ser solidarios, olvidar las palabras de los ganadores,
ser caricia, aunque sea virtual,
ser música para otro.
Nadie puede escapar solo al paraíso.

Es la hora de que la tristeza se subleve
y vaya directa a la calle de la alegría,
de mariposas bailando, de gaviotas volando,
de nuestras almas sonriendo al devenir.

CUANDO ESTOY TRISTE, ME CONVIERTO EN ÁRBOL

Cuando estoy triste, me convierto en árbol.
Primeros son los brazos, las manos,
que se mudan en ramas.

Me acaricia el viento,
habla conmigo y no es de mí.
Después la tez, el cuerpo entero.
Y soy un árbol.

Un árbol que tantea la noche,
cuando la Luna ilumina
el bendito camino
sobre la mar.

Árbol lejano, sobre la ladera;
lejano de tu amor, desamparado,
errante como una estrella.

Árbol que se obstina
en dar sombra a esas golondrinas
vestidas de boda.

A veces silencio y otra vez árbol.
Cuando estoy triste, me convierto en árbol.

MI TRINCHERA

No necesito saber el día y la hora
del momento que baje el telón de la función.
Me iré como he vivido, con una sonrisa en la boca.

No necesito los aplausos ni el silencio
cuando mis versos destilan esperanza.
Escribo con la inocencia del nuevo.

No necesito fluir como río limpio
o como aullido en noche de luna llena.
Voy con la inercia de la sangre.

No necesito soñar desnudo en la playa,
mientras me mece suave el viento
y las olas me borran del corazón la tristeza.

Sólo necesito saber que al final de la jornada,
encontraré tu cuerpo, como trinchera, en mi cama.

MILICIANA MABELCHU

Son pocas las palabras
que viven en mis versos.
La mayoría huyen de mi boca
a besar tu sedosa piel.

Tu sonrisa, paradigma
de la expresión.
Vienen a mí los versos,
a veces como una inquietud,
a veces como un dolor,
a veces como grisácea oquedad.

Pero casi siempre
prefieren nadar
por el océano desnudo
de tu cuerpo.

Tu cuerpo:
el latido de mi poesía.

Miliciana Mabelchu,
la esperanza renace en tu mirada,
la pasión se filtra en tus besos.

Mujer, sempiterna combatiente,
con el verbo cual fusil al hombro,
heroína en la trinchera de la vida.

ALEGRÍA VERGONZOSA

Pretendía amar y ser amado,
como si cediera mis derechos
a una red social
situada en tu mirada.

Y pretendía querer
como si cometiese
un papel en aquellos
puentes de Madison,
que se fijaron
en tu tranquilo corazón.

Y pretendía inútilmente
decir adiós a la vida,
y entonces, como viene
un bebé cuando corre
por el pasillo de su casa
para jugar a la pelota,
sentí por primera vez
la alegría vergonzosa
del regreso de la nada.

El amor de sopetón
penetraba en mi razón,
instalándose como okupa.

Lo siento y lo escribo,
evocando aquel momento
receloso e higiénico
de tu venida.

Y yo sólo pretendía
amar y ser amado.

SOBREVIVIENDO

Suena el despertador.
Con muy pocas ganas te levantas
para afrontar otro día incierto.

Te tomas el café y la tostada,
y pones al maestro Rosendo.
Con júbilo, el perro del vecino se pone a ladrar.

Vestido y en la calle, empiezas el peregrinaje.
Hablas de camino a la oficina con el viento,
confiándole tus recónditos secretos.

La mañana se rompe de realidad
tratándote como un sparring.
Roban mariposas en la esquina.

Sabes que, si quieres sobrevivir,
tienes que mantener el aire
como si fueses un árbol que sueña.

Un hombre excava en la basura,
sin ganas para decir basta,
sin ganas para recibir sueños.

Mientras tanto sigues esperando.
Mientras tanto vas perdiéndote en palabras,

en el trabajo, en el bar, en el hogar,
anhelando que la duda se haga real.

Difícil de explicar con versos
el cisma entre este mundo y mi desgana.

Zona de guerra en la calle,
donde devoro lentamente mi corazón,
hasta que me vaya, como titiritero viejo,
al otro lado del espejo.

REENCUENTRO

Liar mi cuerpo en la soledad.
Lo he dejado envuelto en versos,
y he llorado solo en la noche.

Esta es la realidad al otro lado del espejo:
un árbol solitario, un oasis que se seca.

Solo mi voz silenciada,
antigua lucha,
solo un cestillo de letras.

Sin embargo,
mi boca está alerta
para recibir el tributo de tus besos,
el calor de tu cuerpo.

15 mariposas avalan el reencuentro.

Por ese instante la vida
se desmelena, se desnuda
y olvida la frialdad de antaño.

Por ese instante, querida,
piel con piel, boca con boca,
vive de alegre esperanza
nuestro renacido querer.

En el corazón vive la gaviota del amor,
amando como si nunca hubiésemos hecho otra cosa.

DÍAS INCIERTOS

Oigo la triste risa de la realidad
robándome la caja cuadrada de la vida,
donde guardo la risa y tus besos,
donde guardo tus caricias.
Oh, nena, vuelvo a escribir a escondidas.

Me remuerde el futuro,
me aprisionan los días inciertos,
me duele la incertidumbre del instante
y me apego sin remedio a tu amor.

En la calle ladra desdeñoso un perro,
el vecino taladra la pared con rabia,
yo me resguardo en ti.

COMO POLEN EN PRIMAVERA

A la deriva,
lejos de la vida,
mis versos afónicos
se esparcen
como polen sin dueño.

PESADILLA

El poeta vestido de viento
acurrucado en el olvido,
en ese instante terrible,
sin versos para gritar amor,
sin versos para los besos
de la princesa dormida.

NO ME GUSTA

No me gusta que nadie
ayude cuando se rompen las estrellas.

No me gustan las recurrentes palabras
de los adalides de la moral.

No me gusta que las miradas no se posen
en las mínimas expresiones del atardecer.

No me gustan las lejanas ausencias
de las zapatillas sin dueño.

No me gusta mudar mi aullido de luna llena
sin limpiar mi anacrónica alma.

No me gustan las personas que no se incomodan
con los versos abstractos de la libertad.

No me gusta perder la batalla
sin haber tenido oportunidad de luchar.

No me gustan los triunfos sobre voluntades ajenas
mientras esperamos juntos la utopía.

No me gusta el desorden paupérrimo
de la manejable esperanza.

No me gustan los puntos suspensivos
antes del sueño.

No me gusta el actual devenir de los sucesos,
que me llevan a la despedida.

TE HE PUESTO MIL NOMBRES SÓLO POR AMARTE

Se me va la mirada
hacia tus labios.

Te anudaré a mis abrazos
como hiedra en el jardín.
Por amor te he puesto mil nombres.

He conseguido lo absoluto,
exorbitante, completo.
He conseguido la luz
en plena noche.

Te embalaré en mi memoria
como una quimera,
como un sueño,
por tu querer clásico.

Un suspiro feliz,
destilado de mi corazón,
vuela en el cielo
sembrando emociones.

Te escribiré en mi cristalina frente.

Te he puesto mil nombres
sólo por amarte.

ATIBORRADO

Atiborrado de noches insomnes,
ahíto de traducir el vértigo de las palabras,
esas del escollo cicatrizado,
las del espontáneo verso mutilado,
sin vocación de héroe
(como cantaba Bowie),
sin indicios de porvenir.

Porque la vida está llena de desilusiones,
de imágenes en blanco y negro,
sin música de violines,
y hasta el amor se arrastra
como sombra de lo que fue.

Y esos besos que no damos
se olvidan, ausentes de vida,
como hojas de otoño en el suelo.

Me inclino con tristeza y vomito inteligencia,
la embriaguez de un sueño espigado
en su torre en la mar,
para que ilumine al soñador perdido
como la luna llena señaliza
el comienzo del baile desnudo en la noche.

Interrumpo tu sueño,
porque quizás nos veamos
algún día, apartado día,
al otro lado de la vida.

REO DE TUS LABIOS

Vienen de lejos
los espurios versos,
traviesos como un infante que juega.
Vienen de lejos
tus suaves besos,
promesa violeta
de la enigmática utopía
de la caligrafía de tus labios.

Confieso que soy un reo de tus besos,
amarilla carta enterrada
en botella vacía en la mar,
y que no puedo huir de ellos,
como náufrago en isla perdida.

Me atrinchero en tu boca,
leyenda de antaño,
y me entrego al júbilo
de tenerte a mi lado.

Ebrio de amor,
río en libre albedrío
al ritmo de tus pechos.

Eterna mujer, reina precisa,
en el reino de mi biografía.

Poema que supo
que la frontera son tus labios.

Confieso que soy un reo de tus besos.

TATUAJE

Después de todo, se trata de la vida,
de luchar con gigantes,
de los días intactos,
de Prozac, de sueños…

Pérdidas lloradas: el último atardecer
del tiempo paralítico,
moneda robada de los que no se abrazan.

Las migajas del edén, fugacidad,
esconderse tras la derrota,
encadenarse a tus labios
sin saber qué nos pasa.
Clavar los versos en la locura.

Se trata de la vida, después de todo,
mientras nos quedamos dormidos
anhelando el amor robusto
que bendiga nuestra mirada.

Vida, tatúame en el alma
la ilusión desnuda
de un nuevo amanecer.

INVISIBLE

He imaginado alegres versos
como incrustaciones de cristal
en la trágica realidad.

He imaginado el contagio de la felicidad
y caricias tiernas
frente a la angustia mundial.

Pero, como siempre,
casi nadie se preocupa por el prójimo,
ni se para a leer
el tatuaje de los corazones ajenos,
que, intacto, envuelve
el susurro de la utopía.

Detrás de aquellas huellas,
tal vez, nos acerquemos
al comienzo de la partida.

En esta noche sin estrellas
el poeta cuenta la historia
de aquel sueño,
donde el mártir, el vagabundo,
el árbol, el paria…
se va a encontrarse con la mar.

Y se queda despierto toda la noche,
en pie, en guardia,
con la mirada al frente
y el verso en la mano,
esperando el amanecer del quijote.

ESA HERIDA

La vida, esa herida
que no cicatriza hasta la muerte.

Según dicen, la herida abierta
viene desde la infancia,
en el paritorio con las primeras lágrimas.

Es la misma historia repetida,
el mismo dolor inmenso,
eso dolor de humanidad ajada,
cuya piel permanece tibiamente heroica.

La vida, esa herida
que no cicatriza hasta la muerte.

Esa herida imperiosa, furtiva, injusta,
con sus grandes esperanzas,
llena de diminutos y románticos amaneceres,
donde germina el mañana
como símbolo de una lección perdida.

La vida, esa herida
que no cicatriza hasta la muerte,
aunque a veces nos guste su dolor.

PERDERME PARA SIEMPRE EN TI

Oh, nena, en el amanecer de tus ojos
cuando la brisa es más suave,
quiero perderme para siempre.

Perderme en tus palabras
de los oasis en flor.
Perderme en tu agradecida boca
vestida de instantes de amor.

En mi corazón abierto
está el aullido de la noche.

La noche con máscara de niebla.
Rosendo canta su canción.
Y son palabras desgarradoras
de las cosas que suceden
entre la mala vida y la mala gente,
y poco más.

Yo pienso que en estas horas de insomnio
poco me preocupa el silencio
de los escombros de un mundo sin aliento,
de la vana lucha incierta
y de la muerte del grito.

Busco entre tus besos
un poco de esperanza.
Busco entre tus caricias
un lugar donde dejar mi alma.

Y perderme para siempre, oh, nena,
en el amanecer de tus ojos,
cuando la brisa es más suave.

TE QUIERO

Y venir a decir te quiero
entre recetas y pastillas de colores,
en la tregua originada por la espera
de un país ulceroso
postrado a la orilla del silencio.

Tú, libertaria miliciana,
entre besos y palabras,
con descaro de utopía.

Yo, preso de tu cuerpo.
Y venir a decir te quiero.

EL PADRE

A Santiago Torres Cueva

Yo no entiendo de casi nada,
yo no sé de estrellas ni de héroes,
no percibo las subastas del amor,
pero creo que la luz que alumbra
proviene de su eterna sonrisa.

Nunca nos dio un sermón,
ni nos obligó a alinearnos con sus gustos.
Su inocente, firme y decidido caminar fue el espejo.

Veo crecer en mis violetas recuerdos
ese apretado abrazo en la nieve,
esa azul voz en los juegos,
el refugio en las oscuras madrugadas,
cuando los monstruos crecían en el corazón.

Solo el amor como alimento
en los días de las cosas pequeñas,
en la infancia feliz de la lira,
en la adolescencia del tenaz naufragio,
en la actual madurez desorientada.
Solo el amor como alimento.

En su amor lo he ganado todo.
Mis versos son pretextos evidentemente
para hablar de él, sólo de él.

Ahí tenéis al padre.

DESCALZO

Descalzo por las letras
de tu nombre,
me quedé toda
la alegre mañana
de aquel primer beso.

Las golondrinas
nos miraban atónitas,
intuían el juego del amor.

Un perro labraba a lo lejos,
y en el ambiente
un pasional encuentro
nos arropaba con su fulgor.

Atrevida, resuelta, valiente,
la tierna mirada de tus verdes ojos
me hablaron de tu amor.

La mirada brillante
de la pasión.

INÉDITO FERIANTE

No basta con teñir de rojo
con mi sangre cada poesía,
ni caminar pensativo
entre el chasquear
de las amarillas hojas,
implorando tu esquivo amor.

No basta con la asidua llamada
de mis versos, repiqueteando,
incesantes, en tu ventana.

No basta con mi ternura,
mi cara de ratón y mi sudor,
para ser el destino de tu lectura.

No basta con buscar esas palabras,
que tal vez no existan,
que no están escritas,
para expresar mi amor:
una banda de versos calcinados
buscan cobijo en tu mirada.
Hombre jadeando, tartamudo juglar,
debajo de tu torre de princesa.
¡Me lleno la boca con tu nombre!

No basta con ser inédito feriante
en el bolero de tus anhelos.
No basta, nena, no basta,
para que mis poemas te hagan vibrar.

Fresco retablo de la indiferencia.

BODA

Una mujer, un hombre,
uno más uno, uno,
tiernamente enamorados,
regalando palabras como mariposas.

Un hombre, una mujer,
dos enamorados,
ya son cuatro manos
extendidas juntas hacia el futuro.

Dos, traduciendo el lenguaje duro de la vida,
dos, para buscar perlas de felicidad.

Un hombre, una mujer,
dos enamorados,
eslabones unidos del mismo sueño,
escalones asimétricos hacia las estrellas.

Dos, murmurando despacio su amor,
dos, miradas enfocadas a la eternidad.
Una mujer, un hombre,
dos enamorados,
requiebros del mismo son,
carne, espuma, alas, piedra
de la misma poesía.

Y juntos, cogidos de la mano,
se asoman esperanzados al porvenir,
viéndose ancianos emparejados.

CALLE VICO

He cumplido ya los cincuenta.
El final del telón está más cerca
que lo que he vivido.

La oruga se ha vuelto mariposa;
la tristeza, árbol solitario;
mi alma, un recurrente aullido
en noche de luna llena.

Mi sonrisa ya no sabe de cordura.
Sonrío a los colores del crepúsculo,
sonrío al adiós de la ansiedad,
sonrío y me aferro al viento
cual cometa de mil colores
y voy volando a la utopía.

Es verdad que el mundo no es lo que soñé.
Es verdad que la hecatombe se ha impuesto
en la vereda angosta de la vida.

Es verdad que es la hora del inicuo,
el momento de balas y fronteras.

Sin embargo, mis ojos no dejan de ver
la última libertad del hombre
como una certera y contundente realidad.

Las cadenas se han convertido en alas
y han ensanchado mi horizonte.
Las miles de lecturas placidas que he tenido
han terminado devorando los miedos.

Y no dejo de bailar un «slowly» contigo,
y sí dejo escapar un suspiro de amor
detrás de tu desnudo cuerpo.

Los sueños beben tranquilos mi sangre.

Vivo mi vida con la certeza de saber
que no todas las respuestas tienen su pregunta,
que no toda condena tiene su dueño,
que no todos los caminos son angostos senderos.

Pero mis manos insisten en acariciar tu cuerpo,
mis labios en besar tu boca…

Los años insisten en ti.

MEMORIA HISTÓRICA DEL HOGAR

A Francisco Vico

Y yo no te llegué a conocer.
Desaparecido.

Te asesinaron
delante de una blanca tapia
de efímeros deseos
en un lacónico Jaén.

La negra noche
antes de tu muerte
escribiste tu carta final
a tu adorada esposa.

En ella le decías
que cuidara con ternura,
a los niños uno de ellos, mi madre.

En ellas le contabas
que los abrigase con mantas de libertad,
suéter de amor y solidaridad.

Noche en que envejece una mujer.
Noche de tristes recuerdos.
Negra noche en que descienden
las estrellas a cavar tumbas.

Historias pasadas
que enardecen la llama de la razón.

Sigo oyendo los llantos
lóbregos, minuciosos, sedientos,
con su desgarro lírico,
en la memoria histórica del hogar.

EL VECINO DEL TERCERO

Dentro del espejo
parecía sentirse cómodo.
Aquella extraña obsesión,
trágica y terrorífica,
que angustiaba su corazón,
la sentía aletargada.

Ya no más muertes,
ni más sangrientos sacrificios.
Ingenuamente florecían
los instantes de tranquilidad,
aquellos que le hacían
sentirse nuevamente humano.

Cómodo, a gusto, abrazado
a la reluciente calavera de su amada,
entonaba canciones espurias
que transmitían enfurecidas
la pesadilla de su vida.

Fiscal de día.
Payaso asesino en la noche.

Había sentido el vértigo de la sangre.
Ahora claramente entendía

que todo marcha a la perfección,
una increíble y lucida perfección.

Enterrado en sus crímenes,
simetría de su locura.

ME GUSTA CUANDO SUSURRAS PALABRAS DE AMOR

Me gustas cuando susurras palabras de amor
y las dejas volar en el aire como mariposas.

Y en volandas tus palabras aletean a mi lado.

Y entonces también la mar de tu mirada
centellea verde iluminador.

Y como un haz de luz entre juguetonas olas
brillan tus ojos en mi alma.

Me gustas cuando susurras palabras de amor.

MI PATRIA EL DESAMOR Y MI GUERRA TU MIRADA ESQUIVA

Qué me importa a mí
las leyes de los dioses,
la ebriedad de la quimera,
el bolero de la razón.

Si mi patria es el desamor
y mi guerra tu mirada esquiva.

Qué me importa a mí
el coloquio de los sabios,
el cálido azul de la mar,
la tierna caricia del crepúsculo.

Si mi patria es el desamor
y mi guerra tu mirada esquiva.

Qué me importa a mí
que la vida, que realmente lo es,
huela a hierbabuena, romero,
tomillo y enebro.

Si mi patria es el desamor
y mi guerra tu mirada esquiva.

Y qué más quieres
que mis versos te digan,
amor, nena, vida mía.

Si tan solo hoy
lo que quiero
es cambiar de patria,
de guerra
y de anatomía.

ANIVERSARIO DE BODA

Quiero decirte, querida,
que el camino a tu lado ha superado mis sueños;
que, aunque imperfecto,
han volado mariposas a nuestro alrededor;
que tus besos han allanado el camino.

No importa, querida,
que nos haya arrinconado la vida.
No importa que hayamos llenado
con nuestras lágrimas cestillos de esparto.
No importan las balas del francotirador.

Nuestro amor ha sobrevivido,
a veces sumergiéndose, a veces volando,
alto, muy alto, por encima de las negras nubes.

Cuántas risas compartidas,
cuántos abrazos añadidos,
cuánto cine, teatro, exposiciones,
cuánto viaje, sensuales experiencias,
siempre, siempre, siempre,
cediendo lugar a la ternura.

En estos años ha rugido la felicidad,
poderosa ha sido la triple cuerda.

Ya ves, querida, hemos andado,
hemos amado, hemos fondeado
en el puerto tranquilo del amor.
Juntos como en nuestra canción,
en un único abrazo los dos.

La realidad se inclina ante nuestro querer.
Todo los demás han sido guirnaldas
que han coloreado los años vividos.

La verdad: tu mirada oceánica,
tu belleza, la luz que alumbra tu cara
y el deseo que brilla debajo de tu falda.

Hemos preferido libros a flores,
vivir, a guardar maná debajo del colchón
el cantar del grillo al del dinero,
arrumacos a ostentación.

Hemos preferido esperar y saltar juntos,
un hilo de libertad hilvanando nuestra unión,
pararnos y ver los colores al atardecer,
abrazar a los árboles mientras sus ramas
nos hablan sosegadas al oído.

Hemos conocido las delicias de la leyenda,
mientras los rayos de sol
bañaban nuestros cuerpos desnudos.

Los versos nos han acompañado.

EL PAN Y LA SAL

Con tal ardor los versos
gritan en tu mirada, que su eco,
regresa a mi alma
llenándome de ilusión.

En mi amor los escucho
tenaces, supervivientes, libres,
gritando, llamando, tocando,
como caricia sin dueño.

Estos recurrentes versos míos,
que nacen de ti, con tal ánimo,
que de tus besos son reos,
y de mi vida, el pan y la sal.

MADRE

A Paquita Vico

Verso mordaz, mariposa de colores,
que te llena de amor el alma.

Nos lo ha dicho con el ejemplo,
energía radiante cubierta de sonrisa.

Nos lo ha dicho con los besos,
con felicidad, con tenacidad,
con interés sincero, con alas de águila,
palabras forradas de ternura.

Nos lo ha dicho una y mil veces.
Y ha sido suficiente el alimento.

Así ha pasado el tiempo, ha envejecido,
algo más que una madre,
esfuerzo pertinaz, manos de pasión,
afán de mujer enamorada.

Nos lo ha dicho con su vida.

LA COMEDIA DE ESCRIBIR

¿Por qué escribo?

Porque en el verso
está la sanación, la invitación,
la súplica, la panacea,
mostrándome la salida.

Porque trafico con mis sentimientos,
rechazo los sobornos
de las miradas huecas,
y donde es posible
me anclo en las palabras.

¿Por qué escribo?

Porque muero en el bostezo
de esta vida incierta,
y me atrinchero en mi poesía,
y me escondo en el verbo,
y nado desnudo en los puntos suspensivos.

Porque soy lo que escribo
y sonrío al ver tu mirada
por mi esqueleto
de letras desorientadas,
mi piel vestida de adverbios,

mis manos, mis ojos,
irreversibles vocablos,
mi boca en la tuya, dominante adjetivo.

Vida transferida al papel
que cual Lázaro se levanta y anda.

HÉROES

A Alba Quesada

¿Existen los héroes?

Rostros con máscara, superpoderes, capas,
habilidades mentales, cambio de forma,
plegados a la imaginación.

¿Existen los héroes?

A mí me viene a la cabeza
el continuo trabajo de una niña,
generoso ahínco de corazón.

Poética al estilo de Quevedo,
primavera ardua del empeño,
amanecer airoso de obstinación.

Baile, días de titánico esfuerzo,
camino de sol, luna y estrella,
horizonte violeta de tesón.

Vals, danza de entrega,
horas de sueño y sacrificio,
idilio con el arte y la inspiración.

¿Existen los héroes?

Sí, ella es la heroína.
Alba su nombre,
imperturbable bailadora de vocación.

Parábola, metáfora diaria de la vida.
Huella, leyenda vida del flamenco,
el duende reside en su baile.

YESTERDAY

Hoy descubrí, tarde,
eternamente tarde,
que te amaba.

Recuerdo tu sonrisa
como un helado de vainilla;
tus grandes ojos verdes,
quietos, cálidos, perfectos,
dibujando un bello lienzo.

Una mujer que sabía
saborear el jugo de la vida,
dispuesta a disfrutarlo todo,
desde el sueño hasta el amanecer.

Siempre entre la dicha y el esfuerzo,
sedienta de futuro,
como un poema sin escribir,
como el rumor de los mares,
como la princesa prometida.
Y es el humo de tu leyenda
lo que ahora veo.

Hoy descubrí, tarde,
eternamente tarde,
que te amaba.

ESCAPE

A Rosendo Mercado

Sonido del rock and roll
y los chavales vuelven a pasarlo bien,
y a descubrir la libertad en una canción.

Es el momento de la revolución,
es el momento de la hoguera y la mar,
es el momento del tren y la emoción.

Virtuosa guitarra en la fuente de la música,
como pirata contra la barbarie de la civilización,
que refina nuestras almas en la noche.

Es el momento de bailar al ritmo de sus canciones,
el rockero encuentra el antifaz de lo eterno
y acaricia con sus punteos nuestra alegría.

Escape al rock and roll
y volvemos a soñar libertad.

Es solo una poesía, y con Rosendo me siento mejor.

ADIÓS

Me voy con Alicia
tras el espejo.
Después de todo,
en esta extraña vida
soy un ínfimo soldado
con escasa biografía
ocupado en viejos sueños.

Hago inventario de recuerdos
esperando impaciente
el encuentro con tus labios.

En medio de una canción de rock
siento hambre de futuro.

Irreparable locura
en la mirada de un tímido poeta.

Me voy con Alicia
en silencio.

MELANCOLÍA

Y entre sus versos
daría el poeta un gran suspiro,
repasando sus memorias.

La amante cómplice
alerta en la trinchera del amor,
y en la pequeña taberna
una copa de vino.

Y pasan los años
en el vetusto pueblo,
que la densa nada corona.

Mientras evoca algunas inquietudes,
miedos, destierros
y alguna ínfima victoria.

Y, de repente, desnudo
en la intemperie del devenir.

RECURRENTE

Ya me conoces,
árbol en la orilla
del caudaloso río
entre juncos y flores silvestres.

Vuelo bajo de mariposas,
y perder el aliento
tras aquella nube
en forma de verso.

Naufrago en iconografía
solo por la manía
de hundirme
hasta donde termina tu mirada.

Ya me conoces,
atisbando rostros,
recurrente, el nudo
que me ata a tus talones.

Fragmentos de mi persona,
dualidad, glacial o fuego,
consignas intercambiables
de mi pingüe personalidad.

En los pliegues de la vida
he derrapado tantas veces,
que he engendrado
la triste verdad de la nada.

Ya me conoces,
reverso de un tullido
resquicio de locura.

Palabra espuria, rumor,
burbujeo, zumbido
de un inacabado Zelig.

CUATRO HERMANOS

En el hogar nuestro amor se ensanchaba.
Es una trinchera completa,
es una canción de rock and roll,
cuatro corazones en un solo pecho.

Cuatro hermanos, una sonrisa que crece,
un cuerpo, ocho manos, dos ojos,
mil palabras que vuelan como mariposas,
el verbo señal de familia, gen ancestral.

Besos como misivas, como sonetos,
como la blanca piel de una novia
que se viste de fiesta para acertar
en el centro de la luna llena en primavera.

Música, mucha música, variedad compleja
vistiendo momentos de risas y bailes,
momentos que se sublevaron
contra la mediocridad y el aburrimiento.

Cuatro hermanos que alzan el vuelo
y se encaminan hacia la libertad,
vetusta, de aquellos de antes de la guerra,
entonces su amor se ensancha sin fronteras.

Más allá del final de los días
sus sombras se enlazarán entra las flores.

AGOSTO

Me equivoco de día,
me equivoco de año,
me equivoco de siglo.

Corro por los lindes de la locura
y me entremezclo con el vértigo
bárbaro, salvaje, implacable,
de mis fieras ideas.

Huelo la quimera,
paraíso insólito, acaricio.

Me apresuro, busco tenazmente
un haz de luz, un esperanzador mañana,
un lugar donde poder bailar,
amnesia del podrido presente.

Huelo la quimera,
paraíso cercano, acaricio.

Bandera blanca

Treinta y tres crisantemos deslumbran
en el ataúd de mis palabras.

Ideas recurrentes me conducen a la salida.
El fin de la partida.

Me entrego al the end de mi película,
levanto la bandera blanca de mi rendición.

FOTÓGRAFA

A María Beltrán

Palabras, fotografía, arte, belleza, libertad…
Cual mariposa real en verdes campos
tu inteligencia engendra belleza.

Tú sabes con tu exquisito fotografiar
pintar el son de la emoción,
pintar el crepúsculo, pintar la vida.

Con un desgarrador delirio de leyenda
y alma libertaria, y mucho corazón, mucho corazón,
abres las entrañas con tu mirada
y ves lo que otros no ven.
Y la imagen de los sueños,
y la imagen de la utopía
llegan de tu mano a la excelencia,
sonrisa de la flor del azahar.

Tus fotos, tu arte, tu ser, tus manos,
tu talle, son poesía en directo.

SUAVEMENTE VERSO

Esta alma mía envejece,
se derrumba en sí misma,
bebe de su vetusto ínfimo esplendor.

Ha de expirar ante el vértigo de tus besos.
Suavemente verso
y me doy por entero
a cada palabra.

Cae la noche conmigo.

FATIGA PANDÉMICA

Cansado, sí, cansado,
el cielo vierte lágrimas negras
sobre nuestras desorientadas cabezas,
y cada uno sigue a lo suyo.
Egoístamente confunden
nuestro por mío,
miradas borrosas, intensas, mezquinas,
miradas que alteran
el vuelo de la mariposa.
Mientras tanto, unos pocos
alejados de la muchedumbre
caminan por la tremenda dimensión
de la olvidada calidad humana.
No tardará en llegar el día de un nuevo mundo,
en el que cantaremos a la olvidada libertad,
a las flores, al atardecer, a la generosa lluvia,
a la ansiada sociedad desnuda de maldad.
Bajo la sombra de un olivo
el tiempo parece distinto,
sueño de rostros felices.

EN TI

He escuchado mi nombre
de su bella boca,
y las sensuales sensaciones
pasean por mi eléctrico cuerpo
como una canción de rock
en una cálida noche de verano.
Y es su mirada el Olimpo,
que desea conquistar mi corazón.
Y es la más bonita de las sonrisas,
y es la más bonita de las princesas.
Oh, querida mía,
el eterno amanecer del amor

Un poema al Atlético

Tres veces
he cambiado
de religión
(ahora sé que no todos
los caminos llevan a Roma).

Nueve veces
he cambiado
de hogar.

Siete veces
me he jugado la vida,
seis la he perdido.

Amé con el alma
a mi combativa mujer,
mi tierna cómplice,
tuve amigos.

He andado solo.
He caído,
me he embarrado,
una y otra vez más
me he levantado.

En paraísos artificiales
me he dormido.

Poesía marcada de ternura
he escrito.
Risa tonta.
Conversaciones al son del buen vino.

He visto buen fútbol.
Pasión atlética
en el dichoso Calderón
de las luchadas victorias,
con coraje y corazón.

Pasión atlética,
una manera de vivir
que para ellos quisieran
los antiguos trovadores.
(y los eternos vecinos).

Noches de abundancia,
días de escasez.

Confieso que me he divertido,
siempre con la mirada al frente.
Gen rojiblanco de luchador.
Casi todo he tenido que dejar,
o me ha abandonado.

Pero no.
Como decía aquel,
no puedo,

no, no… no puedo
dejar
al puñetero
Atleti.

Sobre el autor

Fernando Torres Vico nació un 29 de mayo en el barrio de Recoletos (Madrid). Comenzó a escribir poesía en la adolescencia, pero es a una edad madura cuando se plantea la creación poética como algo más que un *hobby*.

Ha cursado dos años de Filología Hispánica en la universidad. Ha residido en ciudades como Bilbao, Barcelona, Muros de San Pedro (La Coruña), pero desde 1996 reside en San Sebastián de los Reyes (Madrid). Allí fundó el colectivo cultural «Rafael Alberti», teniendo en ese tiempo el honor de hablar con el poeta.

Ha trabajado en diversas ocupaciones, tales como administrativo, gerente de *call center*, instalador de escenarios en el teatro de Alcobendas o agente inmobiliario en la actualidad.

La editorial Legados Ediciones le ha publicado tres libros. El primero titulado *Detrás de la poesía*, el segundo *Tristeza marina*, y el tercero *El vértigo de tus labios*. Además, le han publicado varios poemas en distintas antologías, y ha colaborado con poemas y/o artículos en publicaciones como la revista digital *Poe+*, *Poesía+Letras*, el Foro Literario Amárgama y Mundoeditores.com.

Índice